BIBLIOTHÈQUE DES JEUX

PETIT TRAITÉ

DU JEU

DE WHIST

LOIS

règles, conventions et maximes

POUR

LE BIE

P

VAN TÉNAC

PARIS

PASSARD, LIBRAIRE-ÉDITEUR

RUE DES GRANDS-AUGUSTINS

1854

BIBLIOTHÈQUE

DES

JEUX DE CARTES

TRAITÉ DE WHIST

Impr. de Pillet fils aîné, rue des Gr.-Augustins, 5.

PETIT TRAITÉ

DU JEU

DE WHIST

LOIS

règles, conventions et maximes

POUR

LE BIEN JOUER

PAR

VAN TENAC et DELANOUE

PARIS

PASSARD, LIBRAIRE-ÉDITEUR

7, RUE DES GRANDS-AUGUSTINS

1854

INTRODUCTION

Le whist est un jeu que les Anglais sont fiers d'avoir inventé. La marche en est peu compliquée.

Le mot *whist* est une interjection qui signifie *silence!* c'est dire que ce jeu exige une complète attention. Aussi regarde-t-on comme un axiome que le meilleur joueur de whist est celui qui approche le plus de l'état de mutisme.

Un écrivain français, qui s'est occupé du whist, a voulu assigner à ce jeu une origine vraisemblable. Il a prétendu que des pairs du Royaume-Uni, ayant parlé tout un jour et une partie de la nuit, dans le parlement, sur l'état des affaires, ont cherché un jeu muet nécessaire au repos de leurs langues fatiguées, et qu'ils ont trouvé le whist.

Les Anglais, naturellement moins inventifs, ne connaissent pas avec certitude l'origine de ce jeu. Cependant il était en usage dans la Grande-Bretagne, il y a près de deux cents ans; car, dans un ouvrage imprimé en 1640, Cotton raconte que des enfants de huit ans se livraient à cette récréation. Julien, dans ses *Beaux stratagèmes*, publiés en 1707, et Pope, dans une de ses épitres, qui date de 1715, font mention du whist. Thomson en parle aussi dans ses *Saisons*.

Toutefois, s'il fallait en croire un historien cité par l'auteur du *Vocabulaire du whist*, ce jeu aurait été importé en Angleterre en 1066 par Guillaume-le-Conquérant. On raconte même que ce prince s'appliqua à inspirer le goût du whist à ses nouveaux sujets, afin de pouvoir compter sur leur tranquillité. Ce délassement silencieux ne leur était permis que jusqu'à l'heure du *couvre-feu*, dont il avait ordonné l'établissement, et qui sonne encore très-exactement à Londres à neuf heures du soir. Nous ne garantissons point cette origine française du whist.

Longtemps ce jeu resta sans principes arrêtés, sans règles fixes, et sa théorie était indéfinie. On y jouait au café de la Couronne, en Bedford-Row. Lord Folkston et Merkly y avaient acquis une remarquable habileté.

Il existe un grand nombre de traités sur le whist Le plus ancien est celui d'Edmond Hoyle, qui a paru, en Angleterre, en 1743. La première traduction connue de cet opuscule a été publiée en France en 1764. Au nombre des continuateurs ou des commentateurs de Hoyle, on cite Pigott, Payne, Jones, T. Mathews, Whithy, sous le pseudonyme de Bob-Short, M. Carleton, l'*Encyclopédie méthodique*, l'*Académie universelle des jeux*; enfin M. Deschapelles, qui a tracé naguère, en style brillant et vigoureux, la législation du jeu de whist.

Ces différents ouvrages, malgré leur mérite réel, ne sont pas à la portée de tous les amateurs du whist. Les uns sont incomplets ou surannés et ne conviennent plus à l'époque actuelle; les autres sont trop savants et trop volumineux pour être consultés avec fruit par les personnes qui font du jeu un délassement et non une laborieuse étude.

A l'exemple de Deschapelles, nous avons déduit et non inventé. Nous ne nous proposons donc point, en traitant de ce noble jeu, d'offrir un nouveau système et encore moins une théorie complète du whist : car ce jeu varie à l'infini. La science des probabilités nous apprend, en effet , que si la population entière du globe tenait les cartes et jouait au whist, pendant cent millions d'années, en accomplissant soixante donnes par heure, elle n'épuiserait pas la cent millionième partie des combinaisons que peuvent recevoir 52 cartes distribuées 4 par 4. Ces combinaisons dépassent les prévisions de l'arithmétique et sont hors de la portée des mots usuels. On en donne ainsi les figures : 16 250 563 659 176 029 962 568 164 794 000 749 006 367 006 400...

Au lieu d'entrer dans des considérations sur de pareils calculs, qui sont sans utilité pour le plaisir du joueur, nous avons entrepris le présent traité, qui résume la théorie du whist et les règles les plus généralement admises.

Le public y trouvera donc un guide aussi complet et aussi actuel que possible , — indispensable aux joueurs qui font de leur passion une science, — utile aux personnes qui font du jeu un divertissement de l'esprit , un exercice de l'intelligence.

Terminons ces préliminaires par un extrait des *Motifs* et *Commentaires des règles du whist* , d'après M. Deschapelles.

« L'étude des jeux de commerce, dit cet écrivain, ressemble à l'étude des langues : l'un et l'autre n'emploient que les parties grossières du cerveau, la mémoire, le calcul, etc. Dans l'enfance, cet emploi appartient au développement, au progrès; dans le second âge, il gêne la naissance des idées devenant ainsi facile et avantageux à ceux-là , et difficile et abrutissant pour ceux-ci.

« Cependant on a des heures de loisir qui s'allongent à mesure que la vie avance. Comment les remplir ?

« Le jeu agite le sang par ses alternatives; il s'oppose à son épaississement ; voilà pour la santé

Le jeu vous rend utile et vous mêle aux plaisirs, qui sont souvent les affaires; voilà pour les intérêts.

« Ceux qui ne savent pas jouer cherchent des ressources qui leur échappent : causer sans cesse, c'est à se faire éviter comme une peste; rester calme, c'est l'assoupissement. Je parle pour le grand nombre et non pas pour des exceptions artistiques ou des missions à remplir; encore connaît-on le propos plaisant d'un célèbre diplomate : « Vous ne savez pas le whist, jeune homme? Quelle « triste vieillesse vous vous préparez! »

RÈGLES

DU

JEU DE WHIST

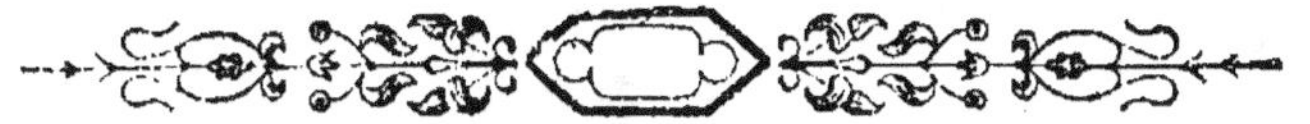

I. — WHIST EN DIX POINTS.

1. WHIST : Le nom du jeu indique qu'il n'est pas permis de parler pendant la partie.

2. Le whist se joue à *quatre* personnes et avec deux jeux de cartes, composés chacun de cinquante-deux cartes.

Cependant, pour qu'une table de whist soit au complet, il faut *six* personnes. Le sort en désigne quatre pour le robre actuel, et deux qui rentrent en robre suivant. S'il survient d'autres personnes, elles prennent rang comme remplaçants.

3. On tire pour connaître les partenaires : les deux plus basses cartes sont ensemble contre les deux plus hautes ; l'*as*, quoique la plus forte carte du jeu, est considéré dans ce tirage comme la plus basse.

S'il a été tiré deux cartes de même valeur, on en retire deux autres ; mais la plus basse carte du premier tirage conserve à son possesseur le droit de la donne, du choix des cartes et de la place à table, lors même que des cartes plus basses sortiraient la deuxième fois.

4. Les partenaires se placent vis-à-vis l'un de l'autre.

Chacun a quatre jetons pour marquer ses points, et l'on met quatre fiches sous un flambeau pour *payer* à la fin de chaque partie.

5. La partie se joue en *dix* points. Chaque levée ou trick au dessus de six compte un point. Trois honneurs comptent deux points ; les quatre honneurs comptent quatre points.

Les honneurs ne comptent qu'après les levées, excepté au point de huit, quand on chante.

Lorsqu'on est à neuf, les honneurs ne comptent pas ; on ne peut gagner que par les tricks.

Le chelem se paye huit fiches en dehors, c'est-à-dire sans rien changer aux points précédemment marqués.

6. Un point marqué empêche la perte triple, cinq points marqués empêchent la perte double.

7. Chaque joueur doit marquer distincte-
ment et devant lui.

Les fiches doivent être placées de même
très-visiblement devant l'un des deux partenaires qui ont gagné une partie.

8. Lorsque les joueurs qui perdent le robre
ont cependant gagné une partie, on déduit les
fiches qu'ils ont devant eux du nombre total
des fiches à payer.

9. Chaque joueur a le droit de battre les
cartes ; mais celui qui donne peut, s'il le veut,
les battre le dernier.

10. On donne à couper à droite ; moins de
quatre cartes coupées, en dessus ou en dessous, rendent la coupe mauvaise.

11. Si un jeu de cartes est faux, le coup où
l'on s'en aperçoit est nul ; les précédents sont
bons.

12. Le partenaire de celui qui va donner
doit relever les cartes du joueur qui vient de
donner et les placer à sa droite, afin qu'elles
se trouvent à la main de celui qui devra donner le coup suivant.

13. Les cartes sont distribuées une à une et
de gauche à droite.

Le joueur à la gauche du donneur joue le
premier, et ensuite celui qui gagne chaque
levée.

14. Tous les joueurs ont le droit, dans le courant d'un coup, de regarder la dernière main après qu'elle est relevée.

15. Chacun doit mettre sa carte devant soi en la jouant, et si elle se trouve confondue avec celles des autres joueurs, on est en droit d'exiger que chacun replace devant soi la carte qu'il a jouée.

16. On est tenu de fournir de la couleur demandée, sans être obligé de forcer; quand on n'en a pas, on se débarrasse d'une carte inutile ou nuisible.

17. Tout joueur qui jette ses cartes sur table, donne à ses adversaires le droit d'appeler chaque carte de son jeu.

18. Toute marque d'approbation ou d'improbation sur la manière de jouer de son partenaire est punie de la perte d'un point.

DE LA DONNE.

19. Le joueur qui distribue les cartes n'a point le droit d'en toucher plusieurs sur la table, ni de compter celles qui lui restent dans les mains, pour rectifier les erreurs de donne qu'il a pu commettre.

Il peut cependant retirer une carte d'un seul paquet sur lequel il en aurait jeté deux;

mais si, après l'erreur commise, il continue à donner à la personne qui suit, la donne est manquée.

20. Le joueur qui regarde ou montre la dernière carte avant de l'avoir retournée, perd sa donne.

21. Personne ne doit regarder ni relever ses cartes pendant qu'on les distribue.

22. Quand on retourne une carte par sa faute, les adversaires ont le droit, avant que l'atout soit connu, d'exiger une nouvelle donne.

23. Si l'on donne avant son tour, et qu'on ne s'en aperçoive qu'après la retourne vue, la donne est bonne et continue dans le nouvel ordre.

24. Le joueur qui donne doit laisser la carte de retourne sur la table, jusqu'à ce que ce soit à son tour de jouer.

Plus tard on n'a plus le droit de demander quelle elle est, mais seulement sa couleur.

25. Si la carte de retourne se trouve encore sur la table lorsque le deuxième trick est relevé, elle peut être appelée par les adversaires.

26. S'il arrive qu'un des joueurs joue avec douze cartes, son partenaire ne pourra faire la dernière levée ; mais si un autre joueur a quatorze cartes, le coup est nul et la donne est perdue.

27. Toutes les cartes étant distribuées, chacun réunit ses couleurs pour étudier son jeu avec plus de facilité.

28. Si un joueur oublie de fournir une carte sur une levée et reste ainsi avec une carte de plus que les autres, les adversaires ont le droit de maintenir le coup ou d'exiger une nouvelle donne et de prendre la main.

DU TOUR A JOUER.

29. Si quelqu'un joue hors de son tour, les adversaires ont le choix d'appeler sa carte à volonté, ou de demander la couleur qu'ils préfèrent du partenaire qui aurait dû jouer.

30 Si le troisième joueur joue avant le second, le quatrième joueur peut jouer avant son partenaire.

Si le quatrième joueur joue avant le second, on peut forcer celui-ci à prendre ou à ne pas prendre.

31. Lorsque les quatre cartes sont sur la table, aucune erreur sur une carte jouée hors de tour ne peut être rectifiée.

32. Si quelqu'un, supposant qu'il a gagné le trick, joue de nouveau avant que son partenaire ait jeté sa carte, les adversaires peuvent obliger ce dernier à mettre sa plus haute ou sa plus basse carte de la couleur, ou, à défaut, exiger qu'il coupe, ou encore l'empêcher de couper.

33. Lorsqu'un joueur tire et sépare complétement une carte du reste de son jeu, les adversaires, sans être obligés de la nommer, peuvent exiger qu'il la joue sur le coup ; mais une fois la carte rentrée dans le jeu, ils n'ont plus de droit sur elle.

34. Si quelqu'un jette plusieurs cartes sur une même levée, les adversaires ont le droit de faire mettre celle qui leur convient sans avoir égard à l'ordre de sortie.

DE LA RENONCE.

35. Chaque renonce est punie par la perte de trois points.

36. Une renonce n'est pas faite tant que la levée n'a pas été tournée et quittée ; mais les adversaires peuvent sur le moment demander la plus haute ou la plus basse carte de la couleur, ou encore faire étaler la carte jouée, afin de l'appeler.

37. Le partenaire de celui qui ne fournit pas de la couleur jouée a le droit d'empêcher les adversaires de ramasser la levée, afin de de-

mander à son partenaire de vérifier s'il ne fait pas une renonce.

38. Il y a trois manières d'infliger la punition pour la renonce, punition qui se marque avant tout autre point.

Les adversaires peuvent prendre trois tricks ou levées au côté qui renonce et les ajouter aux leurs, ou bien ils peuvent effacer trois points de sa marque, ou enfin ils peuvent ajouter trois points à la leur; et si le côté qui a renoncé se trouve avoir encore assez de points pour gagner, il doit rester à neuf. Il ne peut non plus compter le chelem, lors même qu'il le ferait.

39. Quand un joueur s'aperçoit sur une levée qu'un des adversaires fait une renonce, il peut, s'il le trouve avantageux, exiger qu'il soit fourni de la couleur demandée, et la carte jouée à tort reste étalée pour être appelée.

Quand, malgré cette commande, la renonce a lieu, ceux qui font la renonce perdent le chelem s'ils n'ont pas fait de levée antérieurement à la renonce; ou s'ils en ont fait, ils perdent la partie triple, quel que soit d'ailleurs l'état de leur marque.

DU POINT DE HUIT.

40. Si un des joueurs chante après avoir joué, ou s'il est à un autre point que huit, les adversaires, après s'être consultés, peuvent demander une nouvelle donne, ou bien appeler les honneurs annoncés.

Si les adversaires font redonner, ils conservent ou acquièrent la donne.

41. Quiconque appelle avec un seul honneur perd la donne, et si les honneurs sont dans le jeu des adversaires, ceux-ci peuvent maintenir le coup et compter leurs honneurs avant les tricks.

42. Si un joueur n'a pas répondu à son partenaire, bien qu'il eût un honneur ou plus, il ne peut le faire chelem.

43. Les partenaires qui marquent les honneurs sans les avoir, perdent deux points.

44. Si chaque parti a deux honneurs, personne n'en compte. On ne peut plus compter les honneurs du coup précédent, quand la retourne du coup suivant est connue.

DE LA GALERIE.

45. Il est interdit aux personnes formant la

galerie d'avertir les joueurs des fautes ou des oublis qu'ils peuvent commettre pendant la durée d'un coup, et en général de se permettre toute manifestation susceptible d'influer sur le sort de la partie.

46. Il est également interdit aux personnes de la galerie de tourner autour des joueurs, ou de chercher à voir deux jeux.

Cependant, la galerie a le droit de faire rectifier les erreurs provenant de points indûment marqués.

47. La galerie est appelée à prononcer comme jury dans les difficultés qui n'ont pu être prévues par les règles.

PRINCIPES GÉNÉRAUX.

48. Le jeu de whist est essentiellement un jeu de calcul. Sans la plus grande attention aux cartes qui tombent, il n'y a ni préceptes ni pratique qui puisse faire un bon joueur de whist.

Jamais une carte ne doit être jetée sans réflexion.

Plus on fait connaître clairement son jeu à son partenaire, mieux on joue; ainsi, lorsqu'un joueur a deux ou plusieurs cartes d'une séquence, il doit, sur l'invite de son partenaire, jouer la plus basse; le jeu de la dame, par exemple, indique à son partenaire que le roi ne peut pas être dans la main de son adversaire de gauche, ni le valet dans la sienne.

49. Les meilleures invites sont celles qui proviennent d'une séquence de trois cartes ou plus. Si vous n'en avez point, jouez de la couleur dont vous avez le plus grand nombre. Si vous avez beaucoup d'atouts, jouez plutôt de la couleur dont vous avez le roi que de celle dont vous avez la dame.

50. Si un partenaire fait une invite dans une couleur quelconque, on doit y revenir quand on prend la main, parce qu'il vous a indiqué sa couleur; mais si, de votre côté, vous avez aussi une belle couleur, avant de revenir à son invite, faites-le lui connaître par une autre invite, afin de pouvoir réciproquement jouer d'après la connaissance que vous vous serez donnée de vos forces.

51. Il est nécessaire d'être conséquent et correct dans ses entrées. Quand un bon joueur jette un huit, puis un sept, vous êtes sûr qu'il joue d'une couleur faible; c'est le contraire s'il jette d'abord un sept, puis un huit.

52. Si vous êtes fort en atout, ne manquez pas de le faire voir à votre partenaire, parce qu'alors il conservera sa longue couleur en—

tière au lieu de se garder dans la couleur des adversaires, comme il devrait le faire si les forts atouts étaient dans leurs mains.

53. Les jeux étant à peu près d'égale force, on doit chercher à établir une longue couleur, à garder le dernier atout pour rentrer en main et à prévenir la même manœuvre de la part des adversaires.

54. On doit faire atout quand on a beau jeu, pour empêcher les adversaires de couper vos belles cartes.

55. Avec de forts atouts en main, particulièrement si vous avez une longue couleur, évitez de couper sur l'invite de votre adversaire de droite.

56. Quand votre partenaire vous a indiqué qu'il est fort en telle couleur et renonce en telle autre, si vous avez un singleton de sa couleur forte, jouez-le avant de le faire couper, car c'est un moyen d'établir une navette ou d'engager l'adversaire à prendre de l'as, s'il l'a, et d'affranchir ainsi la couleur de votre partenaire.

57. Conservez la carte maîtresse de la couleur de vos adversaires, aussi longtemps que vous le pourrez.

58. Il est toujours bon d'informer votre partenaire quand vous êtes fort en atout et

même dans les autres couleurs; pour cela, si vous êtes dernier à jouer, prenez de la plus haute de votre séquence et jouez de la plus basse.

59. Forcez votre partenaire à couper, lorsqu'il vous annonce un jeu faible, que vous soyez fort ou non.

60. Il est essentiel d'arrêter la longue couleur de l'un de vos adversaires, en coupant de l'atout maître, quoique vous l'ayez seul, afin d'empêcher que votre autre adversaire ne se débarrasse de ses mauvaises cartes, si on laisse continuer la série où il renonce.

61. En résumé, il ne faut pas jouer hardiment avec de faibles cartes, ni jouer d'une façon timide avec un beau jeu, surtout quand on a peu de points.

62. On doit observer en silence et avec attention les différents systèmes de ceux avec qui vous jouez habituellement. Il en est très-peu qui n'aient leur manière particulière dont la connaissance vous donnera un avantage constant. L'un invite de préférence d'un as ; un autre ne le fera jamais que par nécessité. Aussi faut-il chercher à couvrir son système en trompant ses adversaires et les portant à s'entre-détruire par des feintes habilement ménagées. C'est surtout dans la première par-

tie d'un coup de whist que la sagacité du joueur doit être en action ; après la septième levée, il n'est plus besoin d'invention : l'attention et la mémoire suffisent ; les feintes et les embuscades ont fui devant la réalité de l'action.

63. Quand il est évident que la force du jeu est partagée entre vous et vos adversaires, jouez un jeu caché ; mais jouez au contarire de la manière la plus claire possible, si votre partenaire a un bon jeu.

64. On ne doit, le plus souvent, négliger aucun moyen pour conserver la tenace ; cependant il est des cas où il faut sacrifier l'avantage de la position.

Autant que possible, il faut s'accoutumer à juger par analogie ; on pourra, par ce moyen, apprendre à varier son jeu, suivant les circonstances, car une manière de jouer, fort bonne dans quelques situations, peut être très-mauvaise dans d'autres.

65. Jouez à travers la forte couleur de votre adversaire, et jusqu'à la plus faible : voici l'explication de cette règle. Votre adversaire de gauche *B*, et premier en main par conséquent, commence à jouer un petit carreau ; votre partenaire *C* en fournit un insignifiant, *D*, partenaire de *B*, met le huit ou le neuf de

carreau dont vous vous trouvez le dix ou le valet qui fait sa levée; n'ayant plus rien de bon dans cette couleur, dans laquelle vous savez que le partenaire *D* n'a aucune force, ne balancez pas, chaque fois que vous revenez en main, à rejouer de cette couleur dans laquelle votre partenaire, qui se trouve le troisième en main sur la forte couleur de *B*, peut se permettre des impasses sûres et avantageuses sur *D*, qui n'a que de petites cartes dans cette couleur.

66. Jouez atout, si vous en avez quatre ou cinq et beau jeu ailleurs.

67. Répondez à l'invite de votre partenaire et point à celles de vos adversaires.

68. Ne jouez pas, mais voyez venir, dans une couleur dont vous avez l'as et la dame.

69. Évitez de jouer un as, à moins que vous n'ayez le roi.

70. Ne jouez jamais une treizième carte, à moins que tous les atouts ne soient passés.

71. Ne coupez pas une treizième carte, à moins que vous ne soyez le dernier en main.

72. Jouez votre meilleure carte en troisième main.

73. Lorsque vous n'avez que de petits atouts, commencez par le plus haut.

74. Ne coupez pas une couleur, quand il

est probable que votre partenaire y coupe.

75. Conservez autant que possible un atout supérieur, pour pouvoir rentrer en main et jouer votre couleur.

76. Quand un adversaire joue une carte dans laquelle vous avez la carte maîtresse et une inférieure à celle-ci, jouez l'impasse, c'est-à-dire l'inférieure ; car, si le second adversaire n'a pas une carte supérieure à celle que vous avez jetée, vous y gagnerez une levée.

77. Il faut chercher à faire d'abord les levées, quand on est faible en atout ; on doit agir tout différemment dans le cas contraire.

II. WHIST EN CINQ POINTS.

78. Le whist en cinq points ne diffère du whist en dix points que parce qu'il se joue en cinq au lieu de se jouer en dix. Les règles et la manière de jouer sont les mêmes ; cependant on n'y chante pas. Arrivé au point de quatre, on ne peut gagner les honneurs.

Un point marqué empêche de perdre la partie triple, et trois points de la perdre double.

III. WHIST AUX TRICKS DOUBLES.

79. Les règles et la manière de jouer le

whist aux tricks doubles sont les mêmes qu'aux autres whist ; toutefois chaque levée ou trick au-dessus de six compte deux points ; deux points marqués empêchent la perte triple, six points empêchent la perte double ; une renonce fait perdre six points. Il n'y a pas de chelem.

IV. WHIST AVEC UN OU DEUX MORTS.

80. Le whist avec un mort se joue à trois, le quatrième jeu est abattu à découvert sur la table.

81. Le whist à trois se joue soit en cinq points, soit en dix points, soit aux tricks doubles.

82. Il n'y a pas de chelem.

83. On peut aussi faire le whist entre deux personnes en établissant deux morts. On conçoit qu'alors ce n'est plus sur des probabilités que l'on joue, puisque trois jeux étant sous les yeux de chacun, le quatrième est facile à connaître, et il n'y a plus rien à deviner ; aussi cette espèce de whist perd-elle tout l'intérêt des autres.

84. Du reste, les règles à trois personnes et à deux sont les mêmes qu'aux autres whist.

V. LE HUMBUG.

85. Le humbug se joue à deux personnes : les deux joueurs se placent vis-à-vis l'un de l'autre ; les cartes sont distribuées en quatre paquets de treize cartes chacun. Avant de jouer, chaque adversaire examine son jeu ; s'il en est content, il le conserve, sinon il a le droit de l'échanger avec le jeu qui se trouve à sa droite ; mais cet échange est définitif, et celui qui l'a fait n'a même plus le droit de regarder le jeu qu'il a quitté. Le joueur qui a donné perd sa retourne en changeant de jeu.

86. Quatre honneurs comptent quatre points ; trois honneurs comptent trois points ; deux honneurs comptent deux points, si l'adversaire n'en a qu'un ou n'en a point ; mais, s'il en a deux, ils s'annulent et ne comptent ni dans un jeu ni dans l'autre.

87. Quand un joueur se contente de son jeu, il n'a pas le droit de voir le jeu de droite.

88. Les règles et la manière de jouer sont, du reste, les mêmes que pour les autres whist.

VI. WHIST PRUSSIEN.

89. La seule différence qui existe entre le

whist prussien et les whist dont nous avons déjà parlé, c'est qu'au lieu de retourner la dernière carte du jeu, on prend une des cartes de l'autre jeu, qui indique l'atout.

VII. WHIST AVEC LA FAVORITE.

90. Au commencement de la partie ou du robre, on prend au hasard une couleur favorite, et chaque fois que cette couleur est atout, tout se paye double dans le courant de la partie ou du robre.

91. On appelle *enfilade*, ou partie à suivre, la convention d'ajouter à la partie suivante les points excédant celle qu'on vient de finir.

CHANCES DU JEU.

Pour tirer quelque fruit de la lecture du présent traité, il importe de se mettre au fait des calculs ci-après, dont les résultats enseignent avec une certitude morale les chances du jeu.

Ces calculs résument les applications qui ont été faites par *Moivre*, de la théorie des probabilités aux hasards que présente le jeu de whist.

DES ATOUTS QUE PEUT AVOIR EN MAIN LE DONNEUR.

Le nombre des chances est de :

158 753 389 899 contre 1 qu'il ne tient pas 13 atouts.
338 493 367 — 1 — 12
3 215 258 — 1 — 11
77 065 — 1 — 10
3 740 — 1 — 9
317 — 1 — 8
44 — 1 — 7
8 — 1 — 6
$2\frac{5}{7}$ — 1 ou 17 à 7 5
7 — 7 que le donneur a 4
$5\frac{5}{5}$ — 1 ou 28 à 5 3
$39\frac{1}{2}$ — 1 2

ou plus.

DES ATOUTS QUE PEUT AVOIR UN JOUEUR AUTRE QUE CELUI QUI DONNE.

Le nombre des chances est de :

12 241 799 222 contre 1 qu'il ne tient pas 12 atouts.
   53 326 633 — 1 — 11
      778 068 — 1 — 10
       95 457 — 1 — 9
        1 567 — 1 — 8
         163 — 1 — 7
         $26\frac{5}{6}$ — 1 — 6
          $6\frac{1}{5}$ — 1 — 5
           7 — 4 ou à peu près 9 à 5. 4
          13 — 7 qu'il tient........ 3
           $7\frac{3}{5}$ — 1 ou 38 à 5. 2
           57 — 1 1

ou plus.

JEU DU DONNEUR.

Le nombre des chances est de :

51 contre 1 qu'il n'a pas exactement 7
12 — 1 — 6
$4\frac{1}{5}$ — 1 — 5 } atouts.
$2\frac{2}{5}$ — 1, ou 12 à 5.................. 4
$2\frac{3}{5}$ — 1, ou 11 à 3.................. 3
$39\frac{1}{2}$ — , qu'il ne tient pas seulement de l'atout
       retourné.

JEU D'UN JOUEUR QUI N'A PAS LA MAIN.

Le nombre des chances est de :

183 contre 1 qu'il n'a pas exactement 7
32 — 1 — 6
$8\frac{2}{5}$ — 1, ou 11 à 5 5
$3\frac{1}{2}$ — 1 . . . . 4 } atouts.
12 — 1 3
$3\frac{2}{7}$ — 1, ou 23 à 7 2
$9\frac{1}{5}$ — 1, mieux que 9 à 1 1
57 — 1, qu'il n'est pas sans atout.

Il y a :

27 chances contre 2 que le donneur n'a pas les quatre honneurs.

23 — 1 à peu près, que le premier en main n'a pas les quatre honneurs.

8 — 1 à peu près, que les quatre honneurs ne sont ni d'un côté ni de l'autre.

13 — 7 à peu près que les deux donneurs ne compteront point les quatre honneurs.

20 — 7 à peu près que les deux premiers en main n'ont pas compté les quatre honneurs.

25 — 16 que les honneurs ne seront pas également partagés.

Il n'y a que :

1 chance contre 8192 pour gagner 7 par trick.
13   —   8192   —   6   —
78   —   8192   —   5   —
286   —   8192   —   4   —
715   —   8192   —   3   —
1287   —   8192   —   2   —
1716   —   8192   —   1   —

La probabilité de gagner :

1 ou plus par trick est...... $\frac{2580}{8192}$

3 ou plus .... $\frac{1095}{8192}$

4 ou plus .... $\frac{578}{8192}$

5 ou plus .... $\frac{92}{8192}$

4 ou plus .... $\frac{14}{8192}$

7 .... $\frac{1}{8192}$

D'après cela, il n'est pas difficile d'apercevoir que, si les points du jeu sont 8 à 9, que ce soit les donneurs ou non qui marquent 8, les chances en leur faveur, d'un coup à l'autre, sont à peu près de *sept à cinq*.

CALCULS MONTRANT LES CHANCES QUE VOTRE PARTENAIRE A UNE, DEUX OU TROIS CERTAINES CARTES.

Il y a :

2 chances contre 1 que votre ami n'a pas une certaine carte.

31 — 26 qu'il n'a pas l'une de deux certaines cartes.

17 — 2 qu'il n'a ni l'une ni l'autre.

35 — 32 ou 5 contre 4, qu'il a l'une ou l'autre.

6 — 7 qu'il n'a pas l'une de trois certaines cartes.

2 — 7 qu'il n'a pas deux de ces trois cartes.

1 — 31 qu'il n'a pas les trois.

13 — 6 qu'il en a une ou deux.

5 — 2 qu'il en a une, deux ou toutes les trois.

CALCULS POUR DÉFENDRE SON ARGENT AU WHIST, AVEC LA DONNE.

La donne............................. vaut	21	à 20
1 love......................................	10	9
2	5	4
3	7	10
4	5	3
5 est 2 à 1 du jeu, et de la bredouille ou partie double........................	2	1

6 .... 5 2
7 .... 10 3
8 .... 5 1
9 est à peu près.................................. 9 2

2 à 1.................................... sont 9 à 8
3   1.................................... 9 7
4   1.................................... 9 6
5   1.................................... 6 5
6   1.................................... 9 4
7   1.................................... 3 1
8   1.................................... 9 2
9   1 à peu près de.................. 4 1

3 à 2.................................... sont 8 à 7
4   2.................................... 4 3
5   2.................................... 8 5
6   2.................................... 2 1
7   2.................................... 8 3
8   2.................................... 4 1
9   2 à peu près de.................. 7 2

4 à 3.................................... sont 7 à 6
5   3.................................... 7 5
6   3.................................... 7 4
7   3.................................... 7 3
8   3.................................... 7 2
9   3 à peu près 3 1

5 à 4.................................... sont 6 à 5
6   4.................................... 6 4
7   4.................................... 2 1
8   4.................................... 3 1
9   4 à peu près de.................. 5 2

6 à 5 . . . . sont 5 à 4
7   5   5   3
8   5   5   2
9   5 à peu près de   2   1

7 à 6 . . . . sont 4 à 3
8   6   2   1
9   6 à peu près de   7   4

8 à 7 est à peu près de   3   2
9   7 de   12   8

9 à 8 avec ou sans la donne en faveur
        de   8
7   5 . . . .   7 à 5

INSTRUCTIONS DE MATHEWS

POUR LES COMMENÇANTS.

Les règles du whist, telles qu'elles sont établies dans le présent traité, ont été revues par le célèbre Deschapelles, et suffisent aux joueurs émérites pour bien pratiquer le whist actuellement en usage dans les salons et dans les cercles. Mais ces règles, pour être mieux comprises des commençants, ont besoin de quelques explications spéciales. Nous ne pouvions choisir un meilleur guide que Mathews, à qui nous empruntons les instructions et les préceptes essentiels pour apprendre à jouer au whist.

Ces instructions, d'ailleurs, ne sont que le complément des principes généraux du jeu, tels qu'ils sont exposés ci-dessus, art. 48 à 77.

Selon la définition de l'illustre maître, le *whist* est un jeu de *calcul*, *d'observation* et de *position.*

Par le calcul, on apprend à jouer les cartes, de manière à en tirer avantage dès le début de la partie; par l'observation, on parvient, après quelques tournées, à rendre le calcul presque inutile; enfin, par la position, qui est la science la plus difficile à acquérir, on fait concourir le calcul et l'observation au succès de la partie.

Voici les instructions que Mathews adresse aux joueurs encore novices.

1. Etudiez toutes les maximes écrites avec les cartes rangées devant vous dans la situation indiquée.

2. Les maximes générales présupposent que la partie et le jeu sont à leur commencement, et les changements importants qui se produisent exigent souvent qu'une manière de jouer différente soit adoptée.

3. Ne pratiquez le whist qu'après avoir acquis une connaissance suffisante de la théorie, et évitez autant que possible, dans le commencement, de jouer avec de faibles joueurs. Il est plus difficile de déraciner des idées erronées que d'en acquérir de justes.

4. Ne jouez jamais une carte sans une raison, cette raison fût-elle mauvaise; cela vaut mieux que de vous habituer à jouer à l'aventure.

5. En commençant, ne vous embarrassez pas dans les calculs. Ceux qui sont mention-

nés ci-dessus conviennent à un joueur déjà parvenu à une certaine habileté.

6. Ne vous accoutumez pas à juger par les conséquences. Un jeu *mal* joué réussit quelquefois, tandis qu'un jeu *bien* joué conduit à un résultat contraire. Quand vous voyez jouer un connaisseur, si vous ne comprenez pas sa manière de jouer, priez-le de vous expliquer ses raisons ; et, tandis que vous en avez la mémoire fraîche, placez les mêmes cartes devant vous. Ayant bien compris le cas, il vous sera facile d'en faire l'application dans toute autre circonstance analogue.

7. Avant de jouer une carte, arrangez votre jeu avec soin, regardez la carte d'atout, portez votre attention sur la marque du jeu, sur la valeur des cartes que vous avez en mains, et formez votre plan d'après la *situation probable* des cartes. Changez-le pourtant, s'il survient une circonstance qui en indique la nécessité. Après quoi, ne regardez vos cartes qu'au moment de jouer. Sans une attention particulière aux cartes jouées, nulle maxime, aucune pratique ne peuvent faire un joueur médiocre de whist.

8. Observez en silence et attentivement les différents systèmes des personnes avec qui

vous jouez ordinairement ; il y a peu de joueurs qui n'aient un système favori, dont la connaissance puisse vous donner un avantage constant. L'un commence préférablement par un *as*, un autre ne le fait jamais que par nécessité. Cela vous dirigera souvent pour jouer le roi, quand vous serez second en main. Les joueurs de la *vieille école* ne commencent jamais par une carte isolée sans tenir six atouts. Bien des personnes agissent ainsi, parce qu'elles sont faibles en atouts ; d'autres, jettent de hautes cartes sur l'invite de l'adversaire, et alors, pour le tromper, elles affectent de réfléchir, bien qu'elles n'aient aucune alternative. L'observation vous garantira de toute surprise et la fera tourner à votre avantage.

9. La meilleure manière de débuter est de jouer d'une séquence de trois cartes ou plus. Si vous n'en avez point, jouez de la couleur dont vous avez le plus grand nombre. Si vous êtes fort en atouts, jouez plutôt de la couleur dont vous avez le roi que de celle dont vous avez la dame ; mais avec trois ou quatre petits atouts, faites préférablement l'invite dans la couleur dont vous n'avez qu'une seule carte.

10. Plus vous faites clairement deviner à

votre partenaire l'état de votre jeu, mieux vous jouez.

11. Au commencement d'une partie, si vous avez beau jeu en main, ou si vos adversaires ont beaucoup de points, jouez un jeu hardi ; autrement, jouez avec prudence.

12. Soyez aussi attentif aux cartes que vous jetez qu'à celles avec lesquelles vous invitez ; il y a souvent de l'inconvénient à jeter le trois ayant un deux dans la main. Supposons que votre partenaire joue le quatre, votre adversaire de droite le cinq et vous le trois, ce doit être une *certitude* que vous couperez la prochaine fois. Mais si votre partenaire trouve le *deux* dans votre main, et que vous le trompiez souvent en jetant des cartes supérieures, vous détruisez sa confiance et l'empêcherez de faire son jeu dans toute autre occasion semblable.

13. Ne jouez pas atout uniquement parce qu'un honneur se trouve retourné à votre gauche. Ne vous en dispensez pas non plus, parce que la même circonstance survient à votre droite.

14. Employez généralement les *finesses* en jouant les atouts, et même dans les autres couleurs si vous en avez beaucoup ; autrement il ne faut les risquer qu'avec prudence.

15. Ne coupez jamais une carte incertaine, si vous êtes fort en atouts ; faites le contraire si vous êtes faible en atouts. Cette dernière règle est une des maximes générales qui ne sauraient être trop observées. Elle présente le double avantage d'employer un atout inutile et d'initier à l'état de votre jeu votre partenaire, qui jouera en conséquence.

16. Conservez la carte roi de la couleur de votre adversaire aussi longtemps que vous le pourrez avec sûreté ; mais jamais celle de votre partenaire.

17. Etant second à jouer ne coupez point une treizième carte, si vous êtes *fort* en atouts, mais faites-le si vous ne l'êtes pas.

18. Forcez toujours à couper celui de vos adversaires qui est *fort* en atouts, rarement le *faible*, jamais les *deux* à la fois : autrement vous faites leur jeu, et vous donnez à l'un l'occasion de faire ses petits atouts, tandis que *l'autre* jette ses cartes inutiles. Une étude constante et soutenue de ce principe est un des pas les plus progressifs vers la connaissance du jeu.

A a une seizième majeure en atouts, une quatrième majeure dans une seconde couleur, et une tierce majeure dans une troisième. *B*, son adversaire, a six petits atouts et l'entier commandement de la quatrième couleur : dans ce cas, il est évident que si *A* est forcé de couper, cela fait gagner la levée à *B*, qui autrement aurait éprouvé un chelem.

19. Lorsque avec une très-forte couleur vous jouez les atouts, dans l'espoir que votre partenaire pourra s'y trouver maître, faites d'abord connaître votre couleur. Si vous êtes fort en atouts, jouez-les d'abord.

20. Avec l'as et trois autres atouts, il est rarement à propos de gagner la première et la seconde tournée d'atouts, si l'invite est faite par vos adversaires, à moins que votre partenaire ne coupe quelque autre couleur.

21. Avec un grand nombre d'atouts en main, particulièrement si vous avez une longue couleur, évitez, autant que possible, de couper votre adversaire de droite. Les cartes étant presque égales, le but vers lequel tendent toutes les manœuvres des bons joueurs de whist, est d'établir une série de cartes maîtresses, et de conserver le dernier atout pour reprendre la main et empêcher les adversaires de parvenir à ce but. Ayant un honneur, ou même un dix, avec trois atouts, en les dirigeant bien, vous avez droit d'en attendre quelque succès. Dans ce cas, ne surcoupez pas trop tôt votre adversaire de droite, mais

jetez une carte insignifiante : alors il ne reste que douze atouts ; votre jeu est renforcé d'autant, et votre partenaire a la tenace dans quelque couleur que l'on joue ; au lieu qu'ayant surcoupé, vous eussiez compromis toute la partie pour *assurer une* seule levée. Cependant il y a des raisons pour s'écarter de cette règle : 1° si votre adversaire de gauche laisse voir un jeu fort en atouts. Dans ce cas faites vos levées quand vous le pourrez ; 2° si votre partenaire a l'intention bien positive de vous forcer. Pour vous en assurer, observez s'il joue la carte gagnante ou la perdante de la couleur que vous avez refusée. S'il joue la carte gagnante, il n'est nullement clair qu'il veuille vous forcer, et vous jouerez alors votre jeu ; mais s'il joue la carte perdante, il faut le supposer fort en atouts, et compter sur cette circonstance pour seconder votre longue série. Cette règle vous prescrit de ne jamais jouer hardiment avec un jeu faible, et *vice versa.* Pour peu que vous vous en écartiez, vous paralysez la confiance si nécessaire entre deux partenaires.

22. Si votre jeu exige absolument *deux* coups d'atouts, jouez votre *as*, quels que soient vos autres atouts.

23. Règle générale : ne forcez pas votre

partenaire, à moins que vous ne soyez vous-même fort en atouts. Il y a cependant quelques exceptions à cette règle :

1° Si votre partenaire **a invité** d'une seule carte ;

2° Si cette circonstance sauve ou gagne un seul point essentiel de la marque ;

3° Si une force majeure d'atouts se déclare contre vous ;

4° Si vous avez la probabilité d'une *navette* ;

5° Si votre partenaire a été forcé et s'il n'a pas joué d'atout ;

6° Il est souvent à propos de forcer en jouant pour gagner **l'*odd trick***.

24. Il est difficile de décider à quel moment il faut jouer atout. Les situations suivantes aideront le commençant à raisonner, et en général à se diriger *convenablement* :

1° Avec six atouts, en supposant que votre partenaire ait une couleur forte quelle quelle soit ;

2° Si vous êtes fort vous-même dans les autres couleurs, quoique vous soyez faible en atout ;

3° Si les couleurs que jouent vos adversaires sont faibles ;

4° Si vos adversaires ont marqué huit

points, et que vous n'ayez aucun honneur, ni la probabilité de faire un atout en coupant.

25. Il est facile de deviner la force du jeu des bons joueurs; mais il n'en est pas de même de celui des joueurs inhabiles. Quand votre adversaire refuse de couper, et qu'il jette une petite carte, vous devez conclure que son jeu consiste en beaucoup d'atouts, en une couleur forte et une autre plus faible. S'il jette un honneur, cela vous indique qu'il n'a que deux couleurs, dont l'une est d'atout. Dans le dernier cas, faites des levées quand vous le pourrez. Ne faites pas d'invite en atout, évitez de jouer dans sa couleur, forcez-le, et donnez à votre partenaire l'occasion de faire ses atouts, s'il est possible. Lorsqu'un adversaire refuse de couper une carte, bien que ce soit une carte gagnante, les joueurs inhabiles croient devoir jouer atout; ils le font maladroitement, et abandonnent souvent cinq ou six levées, ce qu'ils auraient évité s'ils avaient su forcer avec discernement.

26. Si vous avez beaucoup d'atouts et que vous ayez l'as, le roi et deux de plus de la couleur de l'invite de votre adversaire de droite, il y a deux manières de jouer : c'est

de ne pas gagner la levée la première fois,
ou de mettre l'as, et de jouer la même couleur, pour forcer votre partenaire à couper.
Si vous êtes faible en atouts, jouez l'as, mais
ne continuez pas la couleur.

27. Si vous gagnez l'invite de votre partenaire avec la dame, à moins que ce ne soit
en atouts, jouez quelque autre couleur; car
il est évident que l'as ou le roi de son invite
sont à sa gauche, et qu'en jouant dans sa
couleur vous céderiez la tenace à votre adversaire.

28. C'est mal jouer que d'inviter avec une
couleur dont vous n'avez que trois cartes, à
moins que ce ne soit d'une séquence; vous
ne devez le faire que lorsque vous avez lieu
de croire que c'est la plus forte couleur de
votre partenaire; dans ce cas jouez la plus
haute, quand même ce serait le roi ou la
dame.

29. Le premier objet doit être de sauver
la partie s'il y a apparence de danger; le
second, de la gagner si vous avez un espoir
raisonnable de succès, et de quelque manière
que ce soit, même hasardeuse. Si l'on n'a
en vue ni l'un ni l'autre de ces objets, il faut
jouer en observant la marque du jeu; c'est-
à-dire que vous ne laisserez pas échapper

l'occasion sûre de faire la septième levée, ou de marquer cinq ou huit pour la chance égale de deux, six ou neuf. Il faut même risquer une *finesse*, ce que faisant avec succès, vous empêcherez vos adversaires de marquer les points dont nous venons de parler.

30. Il est généralement convenable de répondre à l'invite en atout de votre partenaire, à moins qu'il ne joue une carte équivoque, comme un neuf ou un dix. Avec une quatrième au roi, ou neuf, dix, valet et roi d'une couleur, vous pouvez jouer le neuf, comme vous le faites lorsque c'est la meilleure de deux ou trois d'une couleur.

31. Avec quatre atouts seuls, n'en jouez aucun, à moins que votre plus forte couleur ne soit bien assurée. Mais, avec une tierce majeure en atout, un autre atout et une séquence au roi de trois autres cartes, faites deux fois atout ; ensuite jouez le valet de votre autre couleur, et continuez jusqu'à ce que l'as tombe.

32. Si le maître atout vous reste et que l'un de vos adversaires en ait trois ou plus, ne le jouez pas, parce qu'il peut servir à arrêter la série de votre autre adversaire. Si tous deux ont des atouts et que votre parte-

naire n'en ait pas, jouez atout pour en faire tomber deux pour un.

33. Quand vous êtes fort en atouts, et que vous avez la carte supérieure de la couleur de votre adversaire et quelques autres petites cartes, forcez avec celles-ci votre partenaire, s'il n'en a aucune de cette couleur, et conservez la carte supérieure jusqu'à la fin.

34. Si votre partenaire joue l'as et la dame d'une couleur dont vous avez le roi et deux autres cartes, prenez sa dame, afin de ne pas arrêter sa série.

35. Quand votre adversaire de droite gagne la levée et qu'il revient dans le jeu de son partenaire, il est de votre intérêt, si vous avez la meilleure carte et une basse, de donner la dernière. Si votre partenaire a la troisième des principales cartes, il gagnera probablement la levée; mais, dans le cas où votre adversaire serait un joueur inhabile, n'agissez pas ainsi : les joueurs sans expérience emploient rarement la *finesse* à propos. Si vous êtes faible en atouts, ne vous hasardez point de cette manière dans les autres couleurs.

36. Si votre adversaire de droite appelle et que votre partenaire joue atout, vous de-

vez, avec l'as ou le roi, le neuf et une basse carte, faire *finesse* du neuf.

37. Si votre partenaire appelle avant son tour, il vous indique de jouer atout. Saisissez toutes les occasions possibles de faire connaître à votre partenaire que vous avez la supériorité en atouts : dans ce cas, il conservera en entier sa forte couleur; si, au contraire, la force des atouts est du côté des adversaires, son jeu doit être de se réserver une garde dans leur couleur et de se défaire de la sienne.

38. Avec l'as, le valet et un autre atout, il est bon de finasser le valet sur l'invite de votre partenaire; et, si vous êtes fort en atouts, agissez de même dans toute autre couleur. S'il joue le dix, laissez-le toujours passer avec l'as et le valet, à moins qu'une levée ne sauve ou gagne quelque point essentiel.

39. Il vaut mieux inviter d'une couleur dont on a l'as et le neuf que de jouer de l'as et du dix, parce qu'il y a plus de probabilité que vous aurez la tenace dans cette dernière couleur, si elle est jouée par votre adversaire.

40. Si votre partenaire jette la meilleure carte d'une couleur sur votre carte gagnante,

son but est de vous faire connaître qu'il est maître dans cette couleur ; s'il ne jette qu'une seconde carte supérieure, c'est pour vous montrer qu'il n'en a plus de cette couleur.

41. Si vous êtes très-fort en atouts, il est toujours utile d'en informer votre partenaire aussitôt que possible. Si, étant quatrième à jouer, vous pouvez prendre un petit atout, vous devez, avec une séquence de trois ou plus, faire la levée avec la plus haute et jouer ensuite la plus faible.

42. Si vous êtes fort en atouts, ne coupez pas la seconde meilleure carte d'une couleur que joue votre partenaire, mais jetez une carte insignifiante, à moins que vous n'ayez une *navette* bien établie.

43. Quand dix cartes sont jouées, qu'il reste une couleur entière et que votre partenaire fait l'invite, si vous avez un roi, un dix, une autre carte et six *tricks*, il y a pour vous certitude, *si vous jouez bien*, de gagner la septième levée, quelles que soient les dispositions des cartes mises sur table. Si votre adversaire de droite joue un honneur, vous devez le prendre, sinon jouez le dix. Avec cinq *tricks*, jouez le roi.

44. Beaucoup de bons joueurs, en jouant des tierces majeures, commencent par le roi

et la dame; ce mode est souvent préjudiciable, car, dans le cas où l'on joue du roi et de la dame seulement, il arrive quelquefois que l'as reste en réserve : chacun le croit dans la main de son partenaire, et l'on joue en conséquence; alors cette carte, venant inopinément à tomber des mains de l'adversaire, dérange tout à fait le plan des joueurs.

45. Si le quatrième joueur emporte l'invite de l'adversaire, il vaut souvent mieux rendre la même couleur que d'en ouvrir une nouvelle, à moins qu'on ne soit assez fort pour y soutenir son partenaire..

46. Avec l'as, le valet et une carte de même couleur, ne prenez point le roi joué par votre adversaire de gauche; car vous l'obligez de changer sa couleur ou de vous y donner la tenace.

47. Avec l'as, la dame, etc., d'une couleur dont votre adversaire de droite joue le valet, mettez toujours l'as. Aucun bon joueur, ayant roi, valet et dix, ne commencera par le valet; c'est donc finasser contre vous-même que de mettre la dame; et, comme le roi est très-certainement derrière vous, vous abandonnez au moins la primauté sans aucun avantage possible.

48. Avec trois cartes seules d'une couleur,

mettez un honneur sur un honneur ; avec quatre cartes ou plus, abstenez-vous de le faire , à moins que l'as ne soit mis sur le valet.

49. Avec le roi gardé par une seule carte, les bons joueurs étant seconds le mettent quelquefois, et quelquefois non ; si le roi est la carte retournée, il doit toujours être joué en second , et généralement quand il est atout. Mais il ne faut jamais jouer la dame ni le valet, à moins qu'un honneur supérieur ne se trouve retourné sur la droite.

50. En ne jouant que pour la septième levée, vous devez jouer plus serré que quand vous n'aviez que peu de points. Vous invitez par des *singletons*, et vous forcez votre partenaire, ce que vous ne devrez pas faire dans d'autres circonstances. Il est rarement à propos, dans ce cas, de jouer des atouts , et même bien peu de finesses sont permises. C'est une des positions les plus intéressantes du jeu.

51. Si les atouts se trouvent partagés entre vous et votre partenaire et que vous n'ayez vous-même aucune carte maîtresse, il est à propos de jouer un petit atout, afin que votre partenaire , en le prenant , ait l'occasion de faire les siennes , et de vous offrir

la chance de jeter vos cartes perdantes.

52. Lorsque votre partenaire invite, gagnez avec la plus basse carte d'une séquence, pour lui démontrer votre force dans *sa* couleur ; mais il est souvent préférable de prendre, avec la plus haute, l'invite de votre adversaire, afin que celui-ci ignore l'état de votre main.

53. Lorsque votre partenaire joue une treizième carte, la plupart des atouts n'étant pas joués, son but, en général, est de vous indiquer de couper avec un fort atout, afin de renforcer son jeu.

54. Quand vous n'avez vous-même qu'un jeu médiocre, faites-en le sacrifice en faveur de votre partenaire ; s'il est bon joueur, il agira de la même manière.

55. Avec *trois* cartes de l'invite de votre partenaire, rendez-lui la *plus haute* ; avec *quatre*, la *plus basse*. Cette maxime a le double avantage de donner d'abord à votre partenaire l'occasion d'employer la finesse, et en même temps de lui faire connaître que vous n'avez que trois cartes dans sa couleur.

56. Avec l'as, la dame et d'autres cartes de l'invite de votre adversaire de droite, mettez une petite carte ; mais, s'il joue le valet, il faut que vous mettiez l'as.

57. Étant à huit points, et tenant deux honneurs, regardez la marque de vos adversaires, et examinez s'il y a quelque probabilité qu'ils fassent assez de points pour sauver la bredouille ou gagner la partie, bien que votre partenaire possède un troisième honneur; dans le cas contraire, n'appelez pas, parce que cela donne un avantage réel contre vous, quand vous jouez pour faire des levées.

58. On n'emploie la finesse, en général, que contre une seule carte. Il y a pourtant des positions où il faut finasser avec plus de discernement. Supposez qu'il soit nécessaire que vous fassiez deux des trois dernières levées dans une couleur non encore jouée, que votre partenaire joue le neuf, et que vous ayez l'as, le dix et une basse carte. Vous devez le laisser passer, quoique la finesse soit contre trois; car, si votre partenaire a une carte supérieure dans la couleur, vous ferez deux levées; mais, s'il n'en a pas, il vous sera impossible d'en faire, de quelque manière que vous jouiez.

59. Avec le roi, la dame, etc., de l'invite de votre adversaire de droite, mettez une de ces deux cartes; avec la dame, le valet et une autre, mettez le valet; avec deux

petites cartes , ou davantage, mettez la plus basse.

60. Il est avantageux de se rappeler, le plus exactement possible , toutes les cartes, surtout les *atouts* et *la carte roi de chaque couleur*. On peut aider à la mémoire par la manière de placer les cartes qui restent dans la main, savoir : les atouts à gauche, ensuite l'invite de votre partenaire, puis la couleur de votre adversaire, et, en dernier lieu, votre propre couleur. Il est utile aussi de placer les treizièmes dans une situation connue.

61. Il est bien essentiel de faire vos invites avec soin. Lorsqu'un bon joueur jette un huit, puis un sept, je vois par là qu'il invite d'une couleur faible ; et le contraire, lorsqu'il joue le sept en premier, et de même avec un trois ou un deux.

62. Si, avec les derniers atouts , il vous reste quelques cartes gagnantes et une perdante , jouez celle-ci la première, parce que votre adversaire de gauche peut employer la finesse, et qu'alors la seconde meilleure carte du jeu de votre partenaire peut faire la levée, ce qui n'aurait pas lieu si vous gardiez votre carte perdante jusqu'à la fin.

63. Si votre partenaire refuse de couper une carte gagnante assurée, tâchez d'obtenir

la main aussitôt que possible, et jouez atout immédiatement.

64. Les joueurs habiles n'invitent jamais d'un neuf ou d'un dix, si ce n'est pour une des raisons suivantes :

1° D'une séquence au roi ;

2° Du neuf, dix, valet et roi ;

3° Quand c'est la meilleure carte d'une couleur faible qui n'excède pas le nombre trois.

Si vous avez le valet ou le roi dans votre propre main, il est certain que c'est pour la dernière de ces raisons, et que toute la force de la couleur est entre les mains de votre adversaire : jouez donc en conséquence.

65. Si votre partenaire joue le neuf ou le dix, et que vous ayez un honneur avec une seule autre carte, jouez-le ; si vous avez deux ou plusieurs cartes, ne le faites pas : avec l'as et de petites cartes, vous devez prendre ; car il vaut mieux que votre partenaire fasse une finesse dans sa propre couleur que de la faire vous-même.

66. A moins d'avoir vous-même une forte couleur, ou que vous n'ayez raison d'en supposer une à votre partenaire, ne jouez pas atout si vous n'en avez pas six.

67. Il y a des situations où les joueurs ha-

biles, eux-mêmes, diffèrent d'avis. Si une dame est jouée à votre droite, et que vous ayez as ou roi et deux petites cartes, vous prendrez *certainement*; mais ayant le roi ou l'as, le dix et une petite carte, je la laisserais passer pour la raison suivant : ne la prenant pas, si votre partenaire a l'as ou le roi, vous restez tenace, et vous empêchez celui qui invite de faire une levée dans la couleur; ce qu'il aurait fait quand bien même vous auriez eu la première levée, puisqu'il serait resté tenace dans la couleur de votre partenaire. Si celui-ci a le *valet*, vous perdez une levée; mais les chances sont tout à fait contre cette supposition.

68. Il est rarement convenable de jouer d'une couleur dans laquelle vous avez une tenace. Avec l'as, la dame, etc., d'une couleur, le roi, le valet, etc., d'une seconde et une troisième faible, la meilleure manière de jouer est d'inviter de la troisième faible.

69. Quand il est évident que les meilleures cartes sont partagées entre vous et vos adversaires, jouez un jeu caché; mais rendez votre jeu aussi clair que possible, si votre partenaire a beau jeu.

70. Il est aussi avantageux de jouer contre l'as à droite, que contre l'as à gauche; il n'en

est pas tout à fait de même à l'égard du roi. Jouer contre la dame retournée à droite, serait jouer à perte.

71. Évitez, dans les commencements, de jouer avec les personnes qui ont l'habitude de donner des leçons pendant la partie. Leurs conseils vous embarrasseraient.

72. On a rarement raison de refuser de couper, lorsque votre partenaire, s'il est bon joueur, vous laisse voir l'intention de vous y obliger; si c'est un joueur inhabile, votre propre jeu doit vous guider.

73. Si vous avez l'as, le roi et deux atouts de plus, et que votre partenaire fasse ses invites en atouts en commençant, assurez trois tours d'atouts; mais s'il joue (d'après la force que vous avez montrée) un neuf ou quelque carte équivoque, laissez passer cette couleur la première fois. Par ce moyen vous aurez la main après trois levées d'atouts, ce qui est un avantage immense.

74. Il faut toujours beaucoup de discernement pour appliquer l'amende d'une renonce. Avant que la marque soit avancée, si le parti qui renonce à fait neuf levées, la moindre attention démontre qu'il faut en retrancher trois; car si les adversaires ajoutaient trois points à leur propre marque, ils ne manque-

raient pas de laisser encore la septième levée en renonçant. Mais si le parti qui renonce est à huit, il vaut mieux que les adversaires marquent trois points, parce que la levée laisse le premier à neuf, ce qui est, sous tous les rapports, un plus mauvais point que huit. Dans d'autres occasions, il n'y a qu'à calculer à quel point resteront les différentes marques, après chaque mode de prélever l'amende; le résultat vous indiquera le plus avantageux, ne perdant jamais de vue en même temps les points essentiels du jeu, c'est-à-dire de marquer vous-même huit ou cinq, ou d'empêcher votre adversaire de le faire.

75. Avec l'as, la dame et le dix de l'invite de votre adversaire de droite, jouez le dix.

76. Lorsque votre adversaire de gauche refuse de couper une carte gagnante dans la crainte d'être surcoupé par votre partenaire, et qu'il jette une carte perdante, si vous avez la carte roi de la couleur qu'il rejette, jouez-la avant de continuer la première couleur que l'on a coupée.

77. Lorsque tous les atouts sont sortis, si vous avez la carte roi de la couleur de votre adversaire, vous pouvez jouer votre propre couleur, comme si vous aviez en main le treizième atout.

78. Si *A*, votre adversaire de droite, joue une carte, sur laquelle son partenaire *B* jette le valet ou la dame, et que le vôtre gagne avec le roi, dans le cas où *A* joue encore une basse carte de cette même couleur, mettez le dix, si vous l'avez. Il est probable qu'en agissant ainsi vous conserverez la carte roi dans la main de votre partenaire, et que vous empêcherez l'adversaire de faire la seconde meilleure carte.

79. Si vous avez peu d'atouts, conservez une garde dans la couleur de vos adversaires. Si vous êtes fort en atouts, défaites-vous-en, et autant que possible, dans les deux cas, écartez les couleurs qui dominent dans le jeu de votre partenaire.

80. Quand votre adversaire de gauche joue le roi pour se ménager la finesse du valet, et que la main vous vient, si vous n'avez que la dame et une carte de plus dans cette couleur, il est évident que la finesse réussira. Alors jouez la basse carte, ce qui l'empêchera souvent de faire la finesse, bien que ce fût dès l'origine le but de son jeu.

81. Si votre partenaire annonce avoir un jeu faible, forcez-le, que vous y soyez ou non autorisé.

82. Lorsque vous êtes au point de quatre

ou de neuf, et que vos **adversaires**, quoiqu'à **huit**, n'appellent pas, si vous n'avez pas d'honneur, il est évident que votre partenaire en a deux au moins ; il est également évident que si vous en avez un, il en a au moins un autre. Quand les deux partis sont à huit, et que ni l'un ni l'autre n'appelle, chaque joueur doit avoir un honneur.

83. Lorsque votre partenaire joue une carte d'une couleur dont vous avez la meilleure et la troisième, et que votre adversaire de droite met la quatrième, la seconde seule restant, le calcul démontre dans ce cas que, le dernier joueur ayant une carte de plus que son partenaire, il y a toute probabilité que celui-ci aura la seconde. Avec trois cartes, il y a trois à parier contre deux que la finesse ne vous réussirait pas.

84. Les joueurs médiocres ont généralement une répugnance décidée à se défaire du meilleur atout, quoique unique dans leur jeu.

C'est une faute grave. Lorsque votre adversaire joue sa forte couleur, coupez-la de suite avant de donner à son partenaire l'occasion de jeu ses cartes perdantes. Ne tombez cependant pas dans l'excès contraire ; ni ne coupez avec le meilleur atout, ayant de petits atouts en main, dans la crainte d'être surcoupé. C'est une des règles les plus délicates du jeu.

85. Il arrive souvent que votre partenaire a l'occasion d'indiquer sa forte couleur, en renonçant à une invite. Si vous avez une carte unique en cette couleur, jouez-la avant de le forcer, quelle que soit votre force en atouts, puisque c'est le moyen d'établir la *navette*; ce qui est presque toujours avantageux, quand même le second joueur mettrait son as, afin de l'en empêcher ; c'est, dans ce cas même, d'une grande utilité pour établir la couleur de votre partenaire.

86. *A* possède l'as, le valet, le dix et une petite carte de la couleur jouée par son adversaire de droite. Que doit-il jouer? le dix, si c'est un atout, et les petites cartes dans les autres couleurs. En voici la raison : en atouts, un bon joueur avec le roi, la dame, etc., joue la plus basse ; dans les autres couleurs, le roi ; et dans le dernier cas, un honneur doit tout naturellement se trouver entre les mains de la personne qui donne après vous, et, en quelque main qu'il soit, il ne peut vous être d'aucun avantage de jouer le dix ; au lieu qu'en gardant les trois ensemble, vous mettez votre adversaire dans l'impossibilité de faire une levée dans la couleur.

87. Il arrive souvent que n'ayant plus que trois cartes dans la main, le joueur a le plus mauvais atout, avec l'as, la dame ou quelque tenace d'une autre couleur. Dans ce cas, il doit jouer l'atout pour donner la main à l'adversaire. Par ce moyen il conserve la tenace.

88. Quoiqu'il soit certainement plus dans les règles de prendre sur l'invite de votre adversaire, et même de votre partenaire avec la plus basse carte d'une séquence, je vous recommande pourtant de vous écarter de ce principe selon l'occasion. Comme il est du plus grand avantage de donner à votre partenaire toute l'information possible de son jeu ou du vôtre, il est souvent non moins utile de tromper vos adversaires dans leurs couleurs.

Il y a aussi d'autres positions où il est très-nécessaire de tromper l'adversaire. *A*, dernier joueur, a une tierce-majeure et un petit atout; une tierce-majeure et deux autres cartes d'une seconde couleur; le roi et une petite carte d'une troisième; avec la dame ou le valet et une basse carte de la quatrième couleur, dont l'as est joué par son adversaire; il est si important pour *A* d'avoir la main avant d'être forcé, qu'il doit sans hésitation jeter la dame, comme le moyen le plus probable d'engager son adversaire à changer son invite. Mais on doit se réserver cette manière de jouer pour les occasions importantes.

89. Les commençants trouvent de la difficulté à distinguer entre les invites de choix et les invites forcées. Lorsqu'un joueur change sa couleur primitive, il joue ordinairement sa plus forte carte d'une autre couleur, pour donner à son partenaire l'avantage d'une finesse. Dans ce cas vous devez jouer comme si c'était votre propre invite ou celle de votre adversaire. Gardez la carte roi, la tenace, etc., et ne la retournez pas comme si c'était une invite primitive.

90. Il est utile d'expliquer ici aux commençants une impasse particulière, *ou manière de jouer en dessous*, dont se servent avec avantage les joueurs expérimentés contre les joueurs sans expérience. C'est jouer à l'invite de votre adversaire de gauche la plus basse carte de la couleur, quoique vous ayez la plus haute dans la main, et cela dans le but de faire faire à votre partenaire la troisième carte maîtresse, s'il l'a, en retenant de plus la carte roi dans votre main.

91. Gardez-en main la carte retournée aussi longtemps que vous le pourrez, si votre partenaire joue les atouts; et tout le contraire

si c'est votre adversaire qui les joue. Dans le premier cas, supposant que le huit retourne, si vous avez le neuf, jetez-le; dans le dernier cas, quoique vous ayez le sept ou le six, jetez la carte retournée.

92. Quand c'est à votre partenaire de jouer, si vous appelez avant qu'il joue, c'est pour lui indiquer, s'il n'a aucun honneur, de jouer son meilleur atout.

93. Quoique les strictes lois du jeu de whist interdisent toutes paroles et gestes, on les viole comme toutes les autres lois qui ne sont pas appuyées de pénalités. Cependant, une observation attentive et silencieuse vous initiera souvent à la connaissance de l'état du jeu, et vous mettra à même de jouer vos cartes avec plus d'avantage qu'en adhérant à des maximes plus relâchées.

94. Quoique la tenace, ou avantage de position, ne puisse être réduite à une certitude comme au jeu de piquet, et qu'il soit souvent nécessaire de l'abandonner pour des avantages plus certains, on ne peut être bon joueur de whist sans la bien comprendre : le principe est simple, mais les combinaisons sont variées. On conçoit aisément que *A* ayant l'as, la dame et une basse carte d'une couleur dont *B* a le roi, le valet et une autre, si *A* joue la

petite carte, il demeure tenace et fait deux levées; au lieu que s'il joue l'as, il l'abandonne et ne fait qu'une levée. Mais si *B* doit faire l'invite, il n'a point de tenace; et quelle que soit la carte qu'il joue, il doit faire une levée et rien de plus. Cet exemple facile rendra le joueur à même de l'appliquer à des situations ou apparences plus compliquées.

95. Les cas ci-après, qui se présentent fréquemment, donneront de l'article précédent une explication plus étendue. *A*, premier en main, reste avec quatre cartes, c'est-à-dire la seconde et la quatrième d'atout, l'as et une basse carte d'une couleur qui n'a point été jouée. Neuf atouts ayant été joués, *B*, son adversaire de gauche, a la première et la troisième carte d'atout, le roi et une petite carte de la couleur dont *A* joue l'as. *Question :* Quelle carte *B* doit-il jouer? *Réponse :* Le roi, au moyen duquel il réduit à une chance égale la possibilité de gagner trois levées ou deux; mais, s'il garde le roi, il se met dans l'impossibilité d'en gagner trois.

En plaçant les cartes, vous apercevrez que si le partenaire de *B* a une meilleure carte que le partenaire d'*A*, il empêche *A* de faire l'un ou l'autre de ses atouts, ce qu'il eût fait, si *B* eût retenu le roi.

96. *A* possède trois cartes d'une couleur qui n'a pas été jouée (la dernière couleur qui reste), c'est-à-dire le roi, la dame et le dix; *B* a l'as, le valet et une autre : *A* joue le roi; si *B* le prend, il cède la tenace et ne gagne qu'une levée, au lieu que s'il ne prend pas, il conserve la tenace et fait son as et son valet.

97. *A* tient l'as, le valet et le dix d'une couleur dont joue son partenaire. *Question :* Que doit-il jouer? *Réponse :* Le dix, particulièrement si c'est une invite obligée, car, par ce moyen, il y a probabilité qu'il fera deux levées. S'il met l'as, et que son partenaire n'ait aucune forte carte dans sa couleur, il abandonne la tenace et ne peut faire qu'une levée.

98. Il est aisé de maintenir la tenace contre l'adversaire de droite, mais il n'en est pas de même contre celui de gauche, sans une habileté extraordinaire.

99. Pour expliquer ce que signifie *jouer pour des points*, placez devant vous le jeu suivant : *A*, qui possède les deux plus petits atouts, et deux cartes qui forcent à couper, est le premier à jouer. Les deux meilleurs atouts sont évidemment dans les mains des adversaires, quoiqu'il soit fort incertain s'ils se trouvent dans la même main ou s'ils sont divisés. Neuf cartes étant jouées et aucun autre atout ne restant. *Demande* : Que doit jouer *A* ? *Réponse* : Ceci ne peut être décidé que par la situation de la marque, qui seule peut justifier si l'on doit ou non hasarder deux levées pour une. En effet, avant que la marque soit avancée, il serait très-peu convenable que *A* jouât un atout, car il risquerait évidemment deux levées pour une ; il devrait donc s'assurer les deux levées en jouant une carte qui forçât à couper. Mais supposez que *A* soit au point de sept, et qu'il ait déjà fait six levées, il doit alors se hasarder à jouer atout, parce que si les atouts sont divisés il gagne la partie, ou il reste à sept points, ce qui est préférable à la certitude d'en marquer neuf. Mais, si l'adversaire est au point de neuf, il faut se garder de jouer atout, car en risquant la septième levée, vous compromettez la partie.

100. Le coup critique suivant décidera une des plus importantes parties qui aient jamais été jouées, et se recommande à l'attention des personnes même les plus habiles.

Les joueurs étaient tous à *neuf*. *A* avait fait six levées ; il lui restait le valet, un petit atout et deux carreaux, de plus il avait la main. *B*, son adversaire de gauche, avait la dame, le dix d'atout et deux trèfles. C, partenaire de *A*, avait deux petits atouts et deux carreaux. *D*, dernier joueur, avait l'as et un petit atout, un trèfle et un cœur. *A* joua un carreau, que *B* laissa passer, et qui dut être gagné par son partenaire *D*. *Question* : Comment *D* devait-il jouer pour pouvoir gagner la septième levée? *Réponse* : *D* vit que cela n'était pas possible, à moins que son partenaire n'eût les deux meilleurs atouts, ou le premier et le troisième atout, et qu'il ne fît une finesse heureuse. Il coupa donc avec l'as, joua ensuite son petit atout, et gagna la partie.

101. Une lecture attentive de ces maximes, jointe à un peu de pratique, mettra le commençant à même de tirer avantage d'un beau jeu. Mais la difficulté du jeu ne consiste pas seulement à savoir tirer parti de belles cartes, car les as et les rois feront des levées; et, quelque habile que soit le joueur, il ne peut faire qu'un dix emporte un valet. Mais il se présente souvent des jeux où les joueurs habiles gagnent, et où les mazettes perdent des points; et (à moins que les cartes ne soient fortes) c'est de la manière de jouer les médiocres que dépend le succès; c'est-à-

dire qu'avec l'as ou le roi et trois autres atouts , une tierce – majeure avec d'autres d'une seconde couleur et une levée probable dans une troisième, le plan du joueur devrait être de restér soit avec le dernier atout ou avec l'avant-dernier et la main. Pour rester dans cette dernière position, il ne doit pas emporter la seconde levée avec l'atout supérieur, mais réserver celui-ci pour la troisième. Rien alors que cinq atouts dans une main ne peut avec probabilité l'empêcher d'établir sa couleur, car il force le meilleur atout, et le treizième le ramène encore dans sa couleur, ce qui serait impossible si l'on n'avait pas la main après le troisième coup d'atout.

102. Cette maxime étant de la plus grande importance, afin de la rendre plus facile à comprendre, on y a ajouté les cas suivants, qui se présentent fréquemment :

1° *A* tient l'as et trois atouts, une longue couleur, commandée par une tierce-majeure et une levée probable dans une troisième couleur; il est de plus le premier à jouer : que doit-il jouer? *A* doit jouer un atout ; mais si son partenaire fait la levée, et qu'il rejoue atout, *A* ne doit pas mettre son as , mais laisser faire la levée à son adversaire.

Lorsque *A* ou son partenaire gagne la main, il doit jouer un atout, lequel étant pris par *A*, celui-ci reste avec la main et un atout, mais non pas le meilleur, quand bien même ils ne seraient pas divisés également. *A*, jouant sa forte couleur, force l'adversaire de couper avec le meilleur atout; alors l'atout qui reste à *A*, devenant maître, lui rend la main, et empêche en même temps, les couleurs fortes des adversaires de faire des levées.

Si l'as avait été mis sur le second coup d'atouts, *A* aurait été forcé, et sa forte couleur serait devenue entièrement inutile.

2° *A*, avec un jeu semblable, a l'as, le roi et deux petits atouts. Si les adversaires jouent atout, il ne doit pas faire la première levée quand même il serait le dernier à jouer. Par ce moyen, après le second coup, il retient encore le meilleur atout pour le troisième, selon la règle, et il établit sa couleur, quoique le meilleur atout soit contre lui; à moins pourtant qu'il ne se trouve dès le commencement cinq atouts dans une main.

3° Avec l'as, la dame et deux petits atouts, ne prenez pas le valet joué par votre adversaire de gauche, mais attendez qu'il en joue de nouveau, selon la même règle.

Il faut beaucoup de réflexion pour bien saisir la même règle appliquée aux cartes inférieures qui se montre si clairement lorsqu'on l'applique aux cartes supérieures. Il n'y a guère de joueur qui, tenant l'as, le roi et le valet de la couleur dont son adversaire de droite a retourné la dame, ne jouât le roi et n'attendît un second tour pour finasser son valet ; mais avec l'as, la dame et le dix, le valet étant retourné à sa droite, le même joueur ne verra pas que son jeu, s'il joue atout, doit être la dame, et qu'un seul et même principe dirige les joueurs dans l'une et l'autre occasion, et ainsi de suite jusqu'à la fin de la couleur.

Il arrive constamment que l'adversaire de droite, ayant pris sur l'invite de son partenaire avec l'as ou le roi, joue ensuite le valet : dans ce cas, ne jouez pas la dame, car il n'y a pas de probabilité en sa faveur. Mais dans tous les cas, jouez sans hésitation, car pour peu que vous hésitiez, un adversaire habile en profitera toujours pour user de finesse avec avantage.

Il arrive encore très-souvent, lorsque vous avez invité d'un atout en ayant six dans la main, qu'après un second tour il vous en reste trois ou quatre, le meilleur étant chez votre adversaire ; dans des cas semblables jouez un faible atout, vous y trouverez deux avantages : 1° d'empêcher que la couleur de votre partenaire soit interrompue ; 2° d'avoir la tenace dans quelque couleur que joue votre adversaire. C'est donc mal jouer que de jouer le meilleur atout, pendant que d'autres restent dans la main de l'un de vos adversaires.

103. La possession du dernier atout est un avantage important dans la main d'un joueur habile. *A* tient le treizième atout avec l'as et quatre petites cartes d'une couleur non jouée, dont l'adversaire joue le roi et la dame : en les laissant passer toutes deux, *A* fait probablement trois levées dans la couleur ; mais eût-il gagné le roi, il ne lui eût pas été possible d'en faire plus d'une.

104. Quand vous avez le choix d'être à huit ou à neuf, il est toujours essentiel de prendre le premier de ces points.

105. Observez attentivement les cartes jetées dès le commencement par chacun des joueurs, soit que la main fût alors au partenaire ou qu'elle fût à l'adversaire. Si elle est au premier, l'intention est toujours de diriger le jeu que le partenaire doit suivre ; mais si elle est à l'adversaire, on a souvent l'intention de l'induire en erreur et de

l'exciter à jouer la couleur où on est maître.

106. Vous devez non-seulement employer tous les moyens pour conserver la tenace ou l'avantage de la position, lorsqu'il est évident que les cartes gagnantes sont entre vous et votre adversaire, mais aussi pour la donner, autant que possible, à votre partenaire, lorsque vous vous apercevez que dans ses mains et dans celles de votre adversaire de gauche se trouve une forte couleur, ayant toujours présent à l'esprit que lorsque ce dernier ou vous avez la main, la tenace est contre votre adversaire, et que si c'est votre partenaire qui invite, la tenace est en faveur de l'adversaire. Il arrive fréquemment qu'en prenant la levée de votre partenaire, étant dernier à jouer, vous arriviez à ce but.

107. J'ai prescrit de s'écarter, selon l'occasion, de ce que l'on considère comme l'une des maximes classiques, c'est-à-dire de jouer un *singleton*, sans avoir le nombre d'atouts jugé indispensable. Deux objections se présentent. La première est que si votre partenaire a le roi gardé de cette couleur et que l'as le suive, il le perd ; ce qui n'arriverait pas si l'invite venait de l'adversaire. La seconde objection, et la plus essentielle, est que, si votre partenaire fait la levée, il peut

jouer atout dans la supposition que c'est votre forte couleur, où les adversaires peuvent faire de même en soupçonnant votre intention. Les avantages continuels et certains, au contraire, de cette manière de jouer sont la conservation de la tenace dans les deux autres couleurs que je vous suppose, et la probabilité de faire vos petits atouts, ce qu'autrement vous ne pouvez faire.

Je terminerai ces maximes par une courte récapitulation des plus importantes :

1° Que les lecteurs se pénètrent bien que, sans comprendre les invites, la manière de jouer les séquences, et s'ils n'observent pas attentivement les cartes sur la table, il leur est aussi impossible de faire des progrès dans la science du whist, qu'il est impossible d'apprendre à épeler avant de connaitre l'alphabet.

2° Que, s'accoutumant à raisonner par analogie, cela seul pourra leur apprendre à varier leur jeu, selon les circonstances, et leur montrer qu'une manière de jouer fort bonne dans certains cas peut être fort mauvaise dans d'autres.

Je dois aussi renouveler aux joueurs habiles mon avis, qui est de varier leur jeu, selon les joueurs auxquels ils ont affaire.

RÈGLES DU WHIST

RÉSUMÉES PRINCIPALEMENT DES INSTRUCTIONS
DE MATHEWS,
PAR ROBERT SHORT.

1. Débutez par votre forte couleur, n'en changez qu'avec circonspection, et gardez une carte maîtresse, afin de rentrer dans cette couleur.

2. Jouez entièrement la forte couleur; ensuite la faible, si elle n'est pas en atouts, à moins que vous n'y soyez très-fort.

3. Jouez la plus haute carte d'une séquence; mais si vous avez une quatrième ou une cinquième au roi, jouez la plus basse.

4. Commencez par un honneur, particulièrement si la partie est beaucoup contre vous.

5. Jouez votre plus fort atout, si vos adversaires sont à huit, et que vous n'ayez aucun honneur; mais faites le contraire, si vous avez quatre atouts, à moins que vous n'ayez une séquence.

6. Jouez un atout, si vous en avez quatre ou cinq, ou si vous avez un beau jeu; faites le contraire, si le jeu est faible.

7. Ayant as, roi et deux ou trois petites cartes, jouez l'as et le roi, si vous êtes faible en atouts ; mais jouez une petite carte dans le cas contraire.

8. Si vous avez le dernier atout, **avec** quelques cartes gagnantes et une seule carte perdante, jouez la carte perdante.

9. Répondez à l'invite de votre partenaire et non à celle de votre adversaire, et, si vous avez seulement trois cartes de cette couleur, dès le commencement, jouez la meilleure ; mais vous n'avez pas besoin d'y retourner immédiatement, quand vous prenez avec le roi, la dame ou le valet, et que vous avez seulement de petites cartes, ou quand vous tenez une bonne séquence, que vous avez une forte couleur ou cinq atouts.

10. N'ouvrez pas le jeu par as et dame, ou par as et valet.

11. Ne jouez pas un as, à moins que vous n'ayez le roi.

12. Ne jouez pas une treizième, à moins que les atouts ne soient épuisés.

13. Ne coupez pas une treizième, à moins que vous ne soyez quatrième ou que vous ne vouliez avoir la main.

14. Gardez une petite carte pour répondre à l'invite de votre partenaire,

15. Ne coupez une carte qu'avec réflexion, si vous êtes fort en atouts, surtout si vous avez une forte couleur.

16. Si vous n'avez que quelques petits atouts, servez-vous en dès que vous le pourrez.

17. Si votre partenaire ne coupe pas une couleur où il sait que vous n'êtes pas maître, jouez votre plus fort atout.

18. Quand vous avez les atouts restants, jouez-en un, et ensuite tâchez de passer la main à votre partenaire.

19. Souvenez-vous combien de cartes de chaque couleur ont été jouées, et quelle est la plus forte carte restant dans chaque main.

20. Ne forcez jamais votre partenaire, si vous êtes faible en atouts, à moins que vous n'ayez une renonce ou que vous puissiez vous assurer la septième levée.

21. Quand vous jouez pour la septième levée, évitez de jouer atout, particulièrement si votre partenaire doit probablement couper une couleur. Faites de suite toutes les levées que vous pourrez, et évitez les finesses.

22. Si vous faites une levée et que vous ayez une séquence, gagnez-la avec la plus basse carte.

SECOND EN CARTES.

23. Ayant as, roi et de petites cartes, jouez-en une, si vous êtes fort en atouts; mais si vous êtes faible, jouez le roi. Ayant as ou roi, dame ou valet seulement, avec une basse carte, jouez cette dernière.

TROISIÈME EN CARTES.

24. Ayant as et dame, jouez la dame. Si elle gagne, jouez l'as, et, dans tous les autres cas, jouez la meilleure carte, si votre partenaire invite par une petite.

25. Ne négligez pas de faire la septième levée, quand vous en avez le pouvoir.

26. Faites attention à la marque, et jouez le coup en conséquence.

27. Laissez la carte retournée aussi longtemps que possible.

28. Dans le doute, gagnez la levée.

TERMES EN USAGE

AU WHIST.

APPELER OU CHANTER : Lorsqu'au whist en dix points, un des partis est à huit, et que l'un des partenaires a deux honneurs dans la main, il a le droit de le faire connaître en disant :

J'appelle ou *je chante.* Si son partenaire peut montrer un autre honneur, il gagne la partie sans jouer le coup.

Appeler se dit aussi du droit qu'ont deux partenaires de faire jouer à leurs adversaires une carte que ceux-ci ont montrée.

ATOUTS : Cartes de la couleur indiquée par la retourne.

Faire un atout veut dire gagner une levée ; *couper*, c'est jeter un atout sur une autre couleur dont n'a aucune carte.

CHELEM : Faire le chelem signifie faire les treize levées. Ce coup se paye à part, et la partie continue comme s'il n'avait pas eu lieu.

CARTE-ROI : La plus haute carte restante d'une couleur.

CONSOLATION : On appelle ainsi les fiches qu'on est convenu de payer en sus des parties gagnées pour gain du robre.

Couleur : On dit les quatre couleurs par allusion aux cœurs, piques, trèfles, carreaux, quoique les cartes ne soient réellement que de deux couleurs.

Défausser : Jeter une carte autre que l'atout sur une couleur qu'on n'a pas.

Donne : Le joueur qui en tirant pour les cartes, prend la plus basse, *donne* les cartes ou a *la donne*.

Double : Gagner la partie avant que les adversaires aient marqué *cinq* au whist en dix points, *trois* au whist en cinq points, *six* au whist aux tricks doubles.

Dumby (le mort) : Quand on joue le whist à trois personnes, la quatrième main vacante prend le nom de *mort* et se joue à découvert sur la table.

Finesse : La finesse consiste à gagner un avantage par la manière dont on dirige son jeu.

Forcer : C'est jouer la couleur dont le partenaire ou l'adversaire n'a pas, afin de l'obliger de mettre un atout pour gagner la levée.

Honneurs : On appelle ainsi l'*as*, le *roi*, la *dame* et le *valet* d'atout. Si deux partenaires ont ces quatre cartes, ils comptent *quatre honneurs*; s'ils en ont *trois*, ils comptent seulement *deux honneurs*; s'ils en ont deux seulement, ils ne les comptent pas, parce qu'alors les *honneurs sont égaux* entre eux et leurs adversaires.

Impasse : Faire une impasse, c'est ne pas jeter la carte maîtresse de la couleur qui est jouée.

Invite : C'est jouer une petite carte de sa couleur la plus forte en nombre ou en qualité, pour inviter son partenaire à y mettre une carte gagnante, et tâcher de prendre la levée et renvoyer de la même couleur.

Long-atout : C'est avoir en main le ou les derniers atouts, tous les autres ayant été joués.

Love : Terme anglais qui signifie au whist *rien, zéro.* Par exemple *two love*, deux à point.

Main (avoir la) : C'est donner ; *être en main,* c'est commencer à jouer. On appelle aussi *mains* les levées, mais improprement.

Marque : Le nombre de points marqués. On dispose les jetons devant soi de la manière suivante pour marquer les différents points :

1	2	3	4	5	6	7	8	9
0	00	000	0000	0	0	00	000	0
				00	000	0	0	0
								0
								0

Navette : C'est la manière de jouer de deux

partenaires qui, ayant chacun une renonce, jouent chacun la couleur dont l'autre n'a pas et emploient ainsi leurs atouts séparément à couper.

PHASER : Faire échange du jeu de cartes avec lequel on devrait donner, contre le jeu de cartes dont se servent les adversaires : chose défendue au whist, à moins du consentement préalable et unanime des joueurs.

POINTS : Ce que l'on gagne par les levées ou les honneurs. Dix points constituent la partie : elle est *triple* lorsqu'un des joueurs est à dix points avant que les adversaires n'en aient aucun ; *double*, quand ils n'en ont que cinq, et enfin *simple*, quand ils en ont cinq et au-dessus. Quatre honneurs comptent quatre points ; trois honneurs deux points.

Chaque joueur ayant treize cartes, le nombre total des levées doit être nécessairement de treize, et la différence des levées décide des points, à partir de la sixième seulement. Si donc un côté fait sept levées, il marque un point pour cette septième levée nommée par les Anglais *odd-trick*, ou levée impaire, le parti opposé n'en ayant que six. Huit levées se comptent deux points, neuf levées *trois* points, et ainsi du reste.

RENONCE : C'est ne pas fournir de la couleur demandée, soit qu'on en ait ou qu'on n'en ait pas. Dans le premier cas, la renonce est punie.

Rentrée : La main ou le privilége de jouer le premier.

Robre : Le robre se compose de trois parties; il en faut gagner deux pour gagner le robre.

Séquence : S'entend de plusieurs cartes qui se suivent, comme *as, roi, dame, valet, — huit, neuf, dix.*

Singleton : Carte unique d'une couleur quelconque dans la main d'un joueur.

Tenace : Avoir une tenace, c'est posséder la première et la troisième meilleures cartes, et être le dernier à jouer.

Tour : C'est lorsque les joueurs ont joué chacun une fois; en sorte que treize tours font le coup.

Trick (levée) : Se compose des quatre cartes fournies à chaque tour par les joueurs. La septième levée, ou l'*odd-trick*, compte un point.

FIN

TABLE DES MATIÈRES

Imp. de Pillet fils aîné, rue des Gr.-Augustins, 5.